AUDREY COSSON
FOTOS: NATHALIE CARNET

VEGAN

INHALT

BRUNCH

VORSPEISEN

SUPPEN UND SALATE

HAUPTGERICHTE

DESSERTS

VEGANE FETTE

GETREIDE

TROCKENFRÜCHTE
UND ÖLSAMEN

KÖRNER

DIE VEGANE SPEISEKAMMER

GEMÜSE

VEGANE MILCH

TOFU

SÜSSUNGSMITTEL

PASTEN DER ÖLPFLANZEN

EINLEITUNG

Sobald man das Wort „vegan" hört, denkt man an all das, was man nicht essen darf. Sicher, aus der veganen Kost sind Lebensmittel tierischen Ursprungs, also vor allem Fisch und Fleisch verbannt – ebenso wie aus der vegetarischen Küche. Darüber hinaus aber sind auch die Lebensmittel ausgeschlossen, die durch Ausbeutung von Tieren gewonnen werden: Milchprodukte, Honig, Eier. Einige Veganer verzichten außerdem auf alle raffinierten Zucker.

Die vegane Ernährung eröffnet uns andererseits aber auch die gesamte Vielfalt aller essbaren Pflanzen, die unser Planet zu bieten hat und die für uns gesund sind. Und schließlich entdecken wir ein schier unendliches Feld an Aromen, Farben und Möglichkeiten.

Im Folgenden erhalten Sie einen kleinen, keineswegs vollständigen Überblick darüber, was eine vegane Speisekammer (und der Kühlschrank!) enthalten sollte, um gut gefüllt zu sein.

Obst und Gemüse

Natürlich sind Obst und Gemüse der wichtigste Bestandteil einer veganen Ernährung. Trockenfrüchte (beispielsweise Rosinen, getrocknete Aprikosen, getrocknete Cranberries) sind ebenfalls sehr wichtig, ebenso wie ölhaltige Früchte, etwa Walnüsse, Mandeln, Erdnüsse etc.

Da tierische Proteine in ihrer Gesamtheit entfallen, ist es notwendig, sie durch Lebensmittel zu ersetzen, die pflanzliche Proteine enthalten. Es wird dringend empfohlen, jede Mahlzeit mit Hülsenfrüchten und Getreide zu kombinieren.

Hülsenfrüchte

Es handelt sich um Linsen (braune, rote, grüne), Bohnenkerne (weiße, braune, rote), Erbsen, Kichererbsen, Saubohnen, Edamame … Getrocknet verwendet, benötigen sie eine lange Kochzeit und manchmal auch eine lange Einweichzeit, bevor sie überhaupt gekocht werden können. Daher ist es empfehlenswert, sie in größeren Portionen zu kochen und in verschlossenen Gefäßen für einige Tage im Kühlschrank aufzubewahren.

Getreide

Reis in allen Formen (weiß, rund, wild, rot …), aber auch Weizen, Bulgur, Couscous, Quinoa (weiß oder rot), Buchweizen, Haferflocken und Hirse gehören zu den unverzichtbaren Bestandteilen einer ausgewogenen Mahlzeit.

Tofu

Tofu hat kaum Eigengeschmack. Wird er aber einige Stunden in einer geschmackvollen Marinade mit Kräutern oder Zwiebeln mariniert und dann in der Pfanne gebraten, begeistert er durch seine zarte Textur. Tofu gibt es frisch und geräuchert. Frittiert wird er zur Delikatesse.

Körner

Nicht nur Veganer wissen, dass Körner wahre Nährwertschätze sind und außerdem köstlich schmecken. Kürbiskerne, Sonnenblumenkörner, Leinsamen, Sesam oder Mohn bereichern Ihre Rezepte um ein subtiles Aroma und machen sie knackig. Wenn Sie sie zuvor in der Pfanne rösten, schmecken sie noch aromatischer.

Fette

Es ist wichtig, die Öle in der Küche zu variieren, um von ihren verschiedenen gesundheitlichen Effekten zu profitieren. Variieren Sie daher Sonnenblumenöl, Olivenöl, Rapsöl, Traubenkernöl oder Nussöl. Auch Kokosöl ist sehr nützlich, um die Butter in Backwaren zu ersetzen. Es verleiht Ihren Gerichten ein süßliches Aroma.

Milch und Sahne

Hafer, Reis, Mandeln, Soja, Kokos – sie alle sind ein hilfreicher pflanzlicher Ersatz für Milch und Sahne tierischer Herkunft. Einige haben einen markanteren Geschmack als andere. Verwenden Sie sie daher immer passend zu Ihrem Rezept. Im Supermarkt finden Sie auch Sahne pflanzlicher Herkunft, die Sie für Ihre Gerichte verwenden können.

Süßungsmittel

Es gibt herrliche Alternativen zu Honig oder raffiniertem Zucker, die Ihren Gerichten darüber hinaus unvergleichliche Noten verleihen, wie beispielsweise Ahorn- oder Agavensirup.
Als nicht raffinierter Zucker sind vor allem Rapadura-Vollrohrzucker oder Muscovado-Rohrzucker zu empfehlen. Sie verleihen Ihren Gerichten einen leichten Geschmack nach Karamell.

Pasten

Denken Sie auch an Tahinpaste (Sesampaste), Erdnussbutter, Mandel-, Walnuss- oder Cashewmus, die Ihnen als Brotaufstrich oder zum Binden Ihrer Saucen dienen.

Wie ersetzt man Eier?

Diese Frage taucht häufig auf, wenn man sich für die vegane Ernährung zu interessieren beginnt. Zucker, Honig und Butter sind (wie oben bereits beschrieben) leicht zu ersetzen. Der Ersatz von Eiern gestaltet sich etwas schwieriger, vor allem beim Backen. Beachten Sie daher die folgenden drei Tipps, damit Ihr Kuchen dennoch gelingt:
– Ersetzen Sie 1 Ei durch eine halbe, vollreife, pürierte Banane.
– Ersetzen Sie 1 Ei durch 1 Esslöffel gemixte Leinsamen; 40 ml Wasser zugeben, erneut mixen und 5 Minuten ruhen lassen.
– Verwenden Sie ein spezielles Pulver zum Ersatz von Eiern (im Reformhaus).

Hinweis

Die vegane Ernährung ist restriktiv und kann Mangelerscheinungen hevorrufen.
Informieren Sie sich daher ausführlich, bevor Sie Ihre Ernährung umstellen.

BANANENPFANNKUCHEN MIT HAFERFLOCKEN

VORBEREITUNG: 15 MIN.
GARZEIT: 4–5 MIN. PRO PFANNKUCHEN

Für ca. 12 Pfannkuchen

- 2 kleine Bananen
- 220 g Mandelmilch
- 100 g Mehl
- 30 g Muscovado-Rohrzucker
- 50 g Haferflocken
- 2 TL Backpulver
- Salz
- Sonnenblumenöl für die Pfanne
- Ahornsirup zum Servieren
- Obst der Saison als Beilage

* Die Bananen schälen und mit einer Gabel in einer Schüssel pürieren. Die Mandelmilch zugießen und alles gut vermischen.

* Mehl, Zucker, Haferflocken, Backpulver und Salz in einer anderen Schüssel verrühren. Die Masse zu den Bananen geben und mit einem Holzlöffel untermischen, ohne den Teig zu sehr zu glätten.

* 1 Schuss Öl in einer Pfanne erhitzen, dann den Pfannenboden mit etwas Küchenpapier entfetten. Sobald die Pfanne sehr heiß ist, 1 kleine Kelle Teig zugeben und die Pfanne schwenken, bis der gesamte Boden bedeckt ist. Bei mittlerer Hitze backen, bis der Pfannkuchen sich an den Rändern abzulösen beginnt. Mit einem Küchenspachtel wenden und 1–2 Minuten bräunen. Den Pfannkuchen auf einen Teller geben und warm halten.

* Die restlichen Pfannkuchen ebenso backen.

* Die Pfannkuchen noch warm mit Ahornsirup und frischen Früchten servieren.

Besonders köstlich werden die Pfannkuchen, wenn Sie sie kurz vor dem Wenden in der Pfanne mit einigen frischen Himbeeren bestreuen.

HAUSGEMACHTES GRANOLA

VORBEREITUNG: 10 MIN.
RUHEZEIT: CA. 15 MIN.
GARZEIT: 30 MIN.

Für 8 Personen

- 60 g Mandeln, geschält
- 30 g ungesalzene Pistazien, geschält
- 300 ml Ahornsirup
- 100 ml Sonnenblumenöl
- 300 g Haferflocken
- 50 g Sonnenblumenkerne
- 30 g Kürbiskerne
- 50 g getrocknete Cranberries
- 50 g Rosinen

- Den Backofen auf 180 °C vorheizen.

- Mandeln und Pistazien grob hacken.

- Ahornsirup und Öl in einem Topf unter Rühren vorsichtig erhitzen.

- Haferflocken, Kerne, Cranberries und Rosinen in einer Schüssel verrühren. Die Sirup-Öl-Mischung zugießen und mit einem Holzlöffel alles gut vermischen.

- Ein Backblech mit Backpapier belegen und die Mischung in einer dünnen Schicht auf dem Blech verteilen. 30 Minuten im Ofen backen. Das Granola sollte goldbraun sein. (Achten Sie darauf, dass es nicht anbrennt!)

- Das Granola 15 Minuten abkühlen lassen, damit es hart wird. In Stücke schneiden und mit Sojajoghurt, pflanzlicher Milch, frischem Obst und etwas Ahornsirup servieren.

Das Granola hält sich in einem verschließbaren Gefäß über mehrere Wochen frisch.

SCONES MIT CRANBERRIES _____

VORBEREITUNG: 15 MIN.
GARZEIT: 30 MIN.

Für 4 Personen
(ca. 8–10 Scones)

- 50 g festes Kokosöl
- 250 g Vollkornmehl
- 15 g Muscovado-Rohrzucker
- ½ Tütchen Backpulver
- 1 TL Natron
- 1 Prise Salz
- 50 g Cranberries
- 200 ml Mandelmilch
- Konfitüre zum Bestreichen

• Den Backofen auf 200 °C vorheizen.

• Das Kokosöl in einem Topf bei schwacher Hitze zerlassen.

• Mehl, Muscovado-Zucker, Backpulver, Natron und Salz in einer Schüssel verrühren. Das Kokosöl zugeben und mit den Händen zu einem Teig verkneten. Cranberries und Milch zugeben und alles zu einem glatten Teig verrühren.

• Den Teig auf einer bemehlten Arbeitsfläche etwa 4 cm dick ausrollen. Mit einem Teigausstecher oder mithilfe eines Glases Teigkreise ausstechen. Die Kreise auf ein mit Backpapier belegtes Backblech legen und 30 Minuten im Ofen backen.

• Die Scones noch warm mit etwas Konfitüre und frischem Obst servieren.

Je nach Jahreszeit können Sie dem Teig auch frische Früchte zugeben, wie etwa Himbeeren, Heidelbeeren oder Johannisbeeren im Sommer. Im Winter eignen sich auch Trockenfrüchte wie Rosinen oder getrocknete Aprikosen.

APFEL-MÖHREN-INGWER-SAFT _____

Für 4 Gläser

- 2 Äpfel (Granny Smith)
- 2 Möhren
- 5 cm frischer Ingwer

- Äpfel, Möhren und Ingwer schälen.

- Alle Früchte in einen Entsafter geben und den Saft auffangen. Kalt servieren.

DER SMOOTHIE FÜR DEN MORGEN _____

Für 4 Gläser

- 3 reife Bananen
- 1 Pfirsich
- 1 Glas Haferflocken
- 1 Pflanzenjoghurt
- 2 Gläser Sojamilch
- 1 EL Ahornsirup

- Die Bananen schälen und in große Stücke schneiden.

- Alle Zutaten in einem Mixer pürieren. Die Mengen von Milch und Sirup können Sie je nach Geschmack variieren.

MANGO-PASSIONSFRUCHT-SMOOTHIE _____

Für 4 Gläser

- 1 Mango
- 4 Passionsfrüchte
- 1 Glas Hafermilch

- Die Mango schälen und den Stein entfernen.

- Die Passionsfrüchte halbieren, Saft und Samen auffangen.

- Alle Zutaten im Mixer pürieren. Die Milchmenge können Sie je nach Geschmack variieren.

GEMÜSECHIPS
MIT SALSA ROJA

VORBEREITUNG: 25 MIN.
GARZEIT: 30 MIN.

Für 8 Personen

- ½ Peperoncini (die Menge je nach Belieben variieren)
- 1 Zwiebel
- 2 EL Olivenöl
- 500 g passierte Tomaten
- 1 TL Tomatenmark
- 1 EL Rapadura-Vollrohrzucker
- 1 EL Balsamicoessig
- Salz, Pfeffer aus der Mühle
- 5 Kartoffeln
- 5 blaue Kartoffeln
- 2 Rote Bete
- 2 Tonda-di-Chioggia-Bete
- Öl zum Frittieren
- Fleur de Sel

● Die Chilischote von den Samen befreien und hacken.

● Die Zwiebel schälen und hacken. Das Olivenöl in einer Pfanne erhitzen und die Zwiebel dünsten. Passierte Tomaten, Tomatenmark, Zucker, Essig und gehackte Chili zugeben. Alles gut verrühren und 15 Minuten bei schwacher Hitze einkochen. Mit Salz und Pfeffer abschmecken. Die Salsa Roja abkühlen lassen.

● Alle Gemüse schälen, waschen und mit einem Gemüsehobel in sehr dünne Scheiben schneiden.

● Das Frittieröl auf 180 °C erhitzen. Die Gemüsescheiben portionsweise 3–4 Minuten bräunen, dabei nach der Hälfte der Kochzeit wenden.

● Die Chips mit einem Schaumlöffel aus dem Fett heben und auf Küchenpapier abtropfen lassen. Mit Fleur de Sel bestreuen und mit der Salsa servieren.

Möhren, Kürbis, Sellerie, Pastinaken … Es gibt viele Gemüsesorten und ebenso viele Möglichkeiten für diese köstlichen Chips.

SAUBOHNENHUMMUS

VORBEREITUNG: 15 MIN.
GARZEIT: 7 MIN.

Für 4 Personen

- 200 g Saubohnen, enthülst
- 5 Zweige Koriander
- 4 Knoblauchzehen
- 1 EL Tahini (Sesampaste)
- 1 EL Kreuzkümmel
- Salz, Pfeffer aus der Mühle
- 1 EL Nussöl

• Die Saubohnen 7 Minuten in einem Topf mit kochendem Wasser blanchieren. Den Koriander waschen und die Blätter von den Stielen zupfen. Den Knoblauch schälen und entkeimen.

• Die Saubohnen abgießen und die Haut abziehen. Mit Koriander, Tahini, Knoblauch und Kreuzkümmel grob mixen. Mit Salz und Pfeffer abschmecken.

• Das Hummus in eine Schüssel füllen und mit Nussöl beträufeln.

ROTE-BETE-DIP

VORBEREITUNG: 5 MIN.
KEINE GARZEIT

Für 4 Personen

- 2 Rote Bete, gekocht
- Saft von ½ Zitrone
- Apfelessig
- ½ Bund Schnittlauch, gehackt

• Die Rote Bete schälen und grob würfeln. Mit Zitronensaft und 1 Esslöffel Apfelessig im Mixer pürieren. Mit Salz und Pfeffer abschmecken.

• Den Dip in eine Schüssel füllen und mit Schnittlauch bestreuen.

AUBERGINENKAVIAR

VORBEREITUNG: 10 MIN.
GARZEIT: 40 MIN.

- 2 Auberginen
- 3 EL Olivenöl
- 2 Knoblauchzehen, geschält, entkeimt und gehackt
- 3 Zweige Thymian, gezupft
- 1 EL Paprikapulver

• Den Backofen auf 200 °C vorheizen. Die Auberginen längs halbieren und mit der Schnittseite nach oben auf ein Backblech legen. Mit Olivenöl beträufeln, mit Knoblauch und Thymian bestreuen. 40 Minuten backen.

• Die Auberginen mit einem Löffel aushöhlen und das Fruchtfleisch mit dem Paprikapulver pürieren. Mit Salz und Pfeffer abschmecken.

• In eine Schüssel füllen und servieren.

CRACKER MIT KÜRBISKERNEN & HASELNÜSSEN

VORBEREITUNG: 10 MIN.
GARZEIT: 30 MIN.

Für 8 Personen

- 45 g ganze Haselnüsse
- 200 g Mandelmehl
- 40 g Leinsamen
- 45 g Kürbiskerne + 30 g zum Bestreuen
- 200 ml Ahornsirup

• Den Backofen auf 150 °C vorheizen.

• Die Haselnüsse hacken. Das Mehl mit Haselnüssen, Leinsamen und Kürbiskernen in einer Schüssel verrühren. 200 ml Wasser nach und nach zugießen, den Teig dabei kräftig durchkneten und zu einer Kugel formen (falls nötig, nocht etwas Wasser zugeben).

• Den Teig auf einer bemehlten Arbeitsfläche sehr dünn ausrollen und auf einem mit Backpapier belegten Backblech auslegen. Die gesamte Oberfläche mit Ahornsirup einpinseln und mit den restlichen Kürbiskernen bestreuen.

• 30 Minuten im Ofen backen (dabei beobachten, damit nichts anbrennt) und abkühlen lassen.

• Das Backwerk in unterschiedlich große Cracker brechen und mit Dips zum Aperitif servieren.

Je nach Belieben können Sie diese Cracker auch mit Gewürzen wie Paprika, Espelettepfeffer oder Kreuzkümmel aromatisieren.

FALAFEL MIT HIRSE & KICHERERBSEN

VORBEREITUNG: 35 MIN.
EINWEICHZEIT: 1 NACHT
GARZEIT: CA. 1 STD. 10 MIN.

Für 4 Personen

- 250 g getrocknete Kichererbsen
- 250 g Hirse
- 1 Knoblauchzehe
- 1 Zwiebel
- ½ Bund Koriander
- 1 EL Kreuzkümmelpulver
- 1 EL Paprikapulver
- Salz, Pfeffer aus der Mühle
- 2 Sojajoghurts
- Saft und abgeriebene Schale von
  1 grünen Zitrone
- 2 EL Tahini (Sesampaste)
- 100 ml Sonnenblumenöl

• Die Kichererbsen am Vortag in eine Schüssel mit kaltem Wasser geben und 1 Nacht einweichen.

• Die Kichererbsen am nächsten Tag abgießen und in einen Topf geben. Mit der dreifachen Menge kaltem Wasser übergießen und 1 Stunde kochen.

• In der Zwischenzeit die Hirse in doppelt so viel kochendem Salzwasser 20 Minuten ohne Deckel garen.

• Die Knoblauchzehe schälen und entkeimen. Die Zwiebel schälen und vierteln. Den Koriander waschen und die Blätter von den Stielen zupfen. Alles zusammen in einen Mixer geben.

• Kichererbsen und Hirse abgießen, zugeben und auf niedriger Stufe zu einer nicht zu glatten Masse pürieren. Die Gewürze zugeben und, falls nötig, mit Salz und Pfeffer abschmecken.

• Aus der Masse mit den Händen etwa 5 cm große Kugeln formen und gut andrücken. Im Kühlschrank ein wenig aushärten lassen.

• Joghurt, Zitronensaft, die Hälfte der Zitronenschale, Tahini, Salz und Pfeffer in einer kleinen Schüssel verrühren.

• Das Öl in einer Pfanne erhitzen und die Falafel von allen Seiten unter regelmäßigem Wenden goldbraun braten. Auf Küchenpapier abtropfen lassen.

• Die Falafel mit der restlichen Zitronenschale bestreuen und mit der Tahinisauce servieren.

BULGURSALAT MIT TOMATEN, PFIRSICHEN & SAUBOHNEN

VORBEREITUNG: 15 MIN.
GARZEIT: 10 MIN.
RUHEZEIT: 30 MIN.

Für 4 Personen

- 200 g Bulgur
- 3 Tomaten
- 3 Ananastomaten
- 2 Pfirsiche
- 150 g Saubohnen, enthülst
- 4 EL Traubenkernöl
- 1 EL Apfelessig
- 2 EL Apfelsaft
- 1 EL Mandelmilchsirup
- 1 EL Agavensirup
- 30 g ganze Haselnüsse, geschält
- Salz, Pfeffer aus der Mühle
- 15 Basilikumblätter

• Den Bulgur in doppelt so viel Wasser 10 Minuten kochen. Abdecken und ziehen lassen. Abkühlen lassen und in den Kühlschrank stellen.

• Die Tomaten waschen und entkernen. Das Fruchtfleisch in sehr dünne Spalten schneiden. Die Pfirsiche waschen, entsteinen und in dünne Scheiben schneiden.

• Die Saubohnen 7 Minuten in einem Topf mit kochendem Wasser blanchieren. In einer Schüssel mit kaltem Wasser abschrecken und abgießen. Die Haut abziehen.

• Öl, Essig, Apfelsaft, Mandelmilch- und Agavensirup in einer kleinen Schüssel verrühren.

• Die Haselnüsse in einer Pfanne ohne weiteres Fett rösten und grob hacken.

• Den abgekühlten Bulgur mit Tomaten, Pfirsichen, Saubohnen und Haselnüssen in einer großen Schüssel vermischen. Mit der Vinaigrette verrühren und mit Salz und Pfeffer abschmecken. Mit den Basilikumblättern bestreuen und servieren.

Für eine Variante dieses süß-sauren Salats können Sie die Pfirsiche auch durch Kirschen ersetzen.

DAL AUS ROTEN LINSEN
MIT KOKOSMILCH

VORBEREITUNG: 10 MIN.
GARZEIT: 30 MIN.

Für 4 Personen

- 400 g rote Linsen
- 1 Würfel Bio-Gemüsebrühe
- Salz, Pfeffer aus der Mühle
- 1 Zwiebel
- 1 Knoblauchzehe
- 1 Tomate
- 1 EL Olivenöl
- 1 EL Kreuzkümmelpulver
- 1 EL Paprikapulver
- 800 ml Kokosmilch
- 10 Stängel Koriander

• Die Linsen in einen Topf geben. Mit kaltem Wasser bedecken und den Suppenwürfel zugeben. Aufkochen und 10 Minuten köcheln. Gegen Ende der Kochzeit Salz zugeben. Falls nötig, abgießen.

• Die Zwiebel schälen und hacken. Den Knoblauch schälen, entkeimen und hacken. Die Tomate waschen, die Samen entfernen und das Fruchtfleisch fein würfeln.

• Das Olivenöl in einem Topf erhitzen und die Zwiebel 3–4 Minuten dünsten. Knoblauch und Gewürze unterrühren und weitere 5 Minuten dünsten. Linsen und gewürfelte Tomaten zugeben. Die Kokosmilch zugießen, den Deckel auflegen und je nach gewünschter Konsistenz bei schwacher Hitze ungefähr 20 Minuten köcheln.

• Die Korianderblätter von den Stielen zupfen und hacken.

• Vor dem Servieren eventuell noch einmal mit Salz und Pfeffer abschmecken und mit Koriander bestreuen.

Die Gewürze parfümieren dieses Gericht. Sie können Kreuzkümmel und Paprika aber auch durch Curry, Ingwer oder die marokkanische Gewürzmischung Ras-el-Hanout ersetzen.

BUNTER BETESALAT MIT GRANATAPFEL & WALNÜSSEN

VORBEREITUNG: 30 MIN.
GARZEIT: 1 STD.

Für 4 Personen

- 1 rohe Gelbe Bete
- 1 rohe Weiße Bete
- 1 rohe Ringelbete
- 1 rohe Crapaudine-Bete
- 2 EL Ahornsirup
- 30 g Walnüsse
- 100 g rote Quinoa
- 100 g weiße Quinoa
- 3 EL Nussöl
- 1 EL Apfelessig
- Salz, Pfeffer aus der Mühle
- 1 Granatapfel

● Die Beteknollen waschen und getrennt 1 Stunde in kochendem Wasser garen. Die Knollen sind gar, wenn ein Messer mit Leichtigkeit eindringen kann.

● Den Ahornsirup in einer Pfanne erhitzen, bis er sich verflüssigt hat. Die Walnüsse zugeben und wenden, bis sie rundum überzogen sind. 3–5 Minuten erhitzen, bis der Sirup zu kristallisieren beginnt. Die Nüsse auf ein Stück Backpapier heben und abkühlen lassen.

● Beide Quinoasorten zusammen in einem Topf mit doppelt so viel Wasser 12 Minuten ohne Deckel kochen. Falls nötig, abgießen und abkühlen lassen.

● Öl, Essig, Salz und Pfeffer in einer kleinen Schüssel verrühren.

● Den Granatapfel halbieren und die Kerne auslösen.

● Die Beteknollen abgießen, schälen und in Stücke schneiden.

● Quinoa, Betestücke und Granatapfelkerne in einer Schüssel verrühren. Mit der Vinaigrette beträufeln und mit den karamellisierten, gehackten Nüssen bestreuen. Kalt servieren.

Sie können die Walnüsse auch durch Macadamianüsse ersetzen.

MISOSUPPE MIT
UDON-NUDELN & ALGEN

VORBEREITUNG: 15 MIN.
GARZEIT: 20 MIN.

Für 4 Personen

- 1 Zwiebel
- 3 cm Ingwer
- 100 g asiatische Pilze
- 2 EL Sonnenblumenöl
- 500 ml Dashi-Brühe
- 1 EL Miso
- 3 EL Sojasauce
- 1 EL Fischsauce
- 2 Pfefferkörner
- 200 g Udon-Nudeln
- 4 EL gemischte Algen (Meeressalat, Wakamé, Meeresspaghetti)

• Die Zwiebel schälen und hacken. Den Ingwer ebenfalls schälen und hacken.

• Die Pilze unter etwas kaltem Wasser waschen und die Stielenden abschneiden. Das Öl in einem Topf erhitzen und die Zwiebel 3–4 Minuten dünsten. Den Ingwer zugeben und weitere 2 Minuten dünsten. Die Dashi-Brühe zugießen und aufkochen. Das Miso unterrühren. Soja- und Fischsauce, dann die Pilze und Pfefferkörner zugeben. Den Deckel auflegen und 10 Minuten bei mittlerer Hitze köcheln.

• Die Nudeln zugeben und nach Packungsanweisung garen.

• Den Herd ausschalten und die Algen in die Suppe rühren. Sofort in Schalen oder tiefen Tellern servieren.

Geben Sie der Suppe 1 oder 2 Stangen Zitronengras zu, um ihr noch mehr Geschmack zu verleihen, und bestreuen Sie sie mit frisch gehacktem Koriander.

STREIFENSALAT MIT KOHL, FENCHEL & MANGO

VORBEREITUNG: 15 MIN.
KEINE GARZEIT

Für 4–6 Personen

- ¼ Rotkohl
- ¼ Wirsing
- 2 Fenchelknollen
- Saft und abgeriebene Schale von
  1 grünen Zitrone
- 1 sehr reife Mango
- 3 EL Traubenkernöl
- 1 EL Balsamicoessig
- 1 EL Ahornsirup
- Salz, Pfeffer aus der Mühle
- 30 g Cashewnüsse

● Kohl, Wirsing und Fenchel waschen. Die äußeren Blätter und den harten Strunk des Kohls sowie die grünen Blätter des Fenchels entfernen.

● Kohl, Wirsing und Fenchel mit einem Gemüsehobel in sehr feine Scheiben schneiden. In eine Schüssel geben und mit dem grünen Zitronensaft beträufeln.

● Die Mango schälen, entsteinen und in sehr dünne Streifen schneiden. In die Salatschüssel geben und untermischen.

● Öl, Essig, Ahornsirup und Zitronenschale in einer kleinen Schüssel verrühren. Mit Salz und Pfeffer abschmecken und diese Vinaigrette zum Salat gießen.

● Die Cashewnüsse in einer Pfanne rösten. Grob hacken und über den Salat streuen. Eventuell noch einmal mit Salz und Pfeffer abschmecken.

Etwas saurer wird der Salat, wenn Sie die Mango durch einen grünen Apfel (Granny Smith) ersetzen. Auch Rosinen, die sie zuvor in etwas lauwarmem Wasser eingeweicht haben, machen sich in diesem Salat sehr gut.

VELOUTÉ AUS PASTINAKEN & CHAMPIGNONS

VORBEREITUNG: 20 MIN.
GARZEIT: 20 MIN.

Für 4 Personen

- 1 Zwiebel
- 4 Pastinaken
- 250 g Champignons
- 2 EL Olivenöl
- 1 l Nussmilch
- Salz, Pfeffer aus der Mühle
- 20 g Haselnüsse, gehackt

● Die Zwiebel schälen und hacken. Die Pastinaken schälen, waschen und in Würfel schneiden. Die Champignons kurz unter kaltem Wasser waschen und die Stielenden abschneiden.

● Das Olivenöl in einem großen Topf erhitzen und die Zwiebel glasig dünsten. Pastinaken und Champignons zugeben und weitere 5 Minuten unter Rühren dünsten. Die Nussmilch zugießen und aufkochen. Die Hitze reduzieren und abgedeckt 15–20 Minuten köcheln, bis die Pastinaken weich sind.

● Das Gemüse abgießen und mit etwas Kochsud im Mixer pürieren. Je nach Geschmack noch etwas mehr der Milchbrühe zugießen und so die gewünschte Konsistenz der Velouté bestimmen. Mit Salz und Pfeffer abschmecken.

● Die Velouté auf 4 Schalen verteilen. Mit den gehackten Haselnüssen bestreuen und servieren.

Wenn Sie anstelle der Pastinaken Topinambur verwenden, ist diese Velouté ebenfalls sehr schmackhaft (fügen Sie in diesem Fall während der Garzeit ¼ Teelöffel Natron zu).

GEBRATENER KÜRBIS MIT WIRSING & BUCHWEIZEN

VORBEREITUNG: 25 MIN.
GARZEIT: 1 STD. 15 MIN.

Für 4 Personen

- 200 g Wildreis
- 1 EL 4-Gewürz-Mischung (französische Gewürzmischung aus weißem Pfeffer, Ingwer, Muskat und Gewürznelken)
- 4 EL Nussöl
- 1 Butternusskürbis
- ¼ Wirsing
- 40 g Kasha-Buchweizenkerne
- Salz, Pfeffer aus der Mühle

• Den Backofen auf 200 °C vorheizen.

• Den Reis waschen und 40 Minuten in einem großen Topf mit kochendem Salzwasser garen.

• In der Zwischenzeit die 4-Gewürz-Mischung mit 2 Esslöffeln Nussöl verrühren.

• Den Kürbis schälen und längs halbieren. Die Samen entfernen und das Fruchtfleisch in dünne Scheiben schneiden. Die Scheiben nebeneinander auf ein mit Backpapier belegtes Backblech legen und mit dem Gewürzöl einpinseln. 30 Minuten im Ofen braten.

• Den harten Strunk und die äußeren Blätter des Wirsings entfernen. Den Wirsing in Streifen schneiden. Das restliche Nussöl in einer Pfanne erhitzen und den Wirsing unter Rühren weich dünsten.

• Die Buchweizenkerne in einer antihaftbeschichteten Pfanne ohne weiteres Fett 2 Minuten rösten.

• Den Wirsing vom Herd nehmen und den Reis abgießen.

• Reis, Kürbis und Wirsing vermischen. Mit den Buchweizenkernen bestreuen, mit Salz und Pfeffer abschmecken und sofort servieren.

Buchweizenkerne schmecken geröstet oder roh köstlich. Bestreuen Sie mit ihnen jederzeit Salate oder Desserts. Sie machen Ihre Gerichte knackig und verleihen ihnen ein leckeres Nussaroma.

GEBRATENER GEMÜSESALAT MIT RISONI

VORBEREITUNG: 20 MIN
GARZEIT: 1 STD.

Für 4–6 Personen

- 200 g Risoni (oder andere kleine Nudeln)
- 4 Strauchtomaten
- 2 Zucchini
- 1 Aubergine
- 1 gelbe Paprika
- 1 rote Zwiebel
- 10 Basilikumblätter
- 5 EL Traubenkernöl
- 3 EL Balsamicoessig
- 100 g ganze Mandeln, geschält
- 20 g schwarze Oliven, entkernt
- Salz, Pfeffer aus der Mühle

• Den Backofen auf 160 °C vorheizen.

• Die Risoni in einem Topf mit kochendem Wasser nach Packungsanweisung garen. Abgießen und abkühlen lassen.

• Das Gemüse waschen, Tomaten und Paprika von den Samen befreien. Die Zwiebel schälen, das Basilikum waschen und zupfen.

• Gemüse und Zwiebel in große Stücke schneiden und in eine Salatschüssel geben. Öl und Essig zugießen und mit dem Basilikum sorgfältig untermischen, bis das Gemüse rundum überzogen ist.

• Das Gemüse in einer sehr dünnen Schicht auf einem Backblech ausbreiten. 1 Stunde unter regelmäßigem Wenden im Ofen braten.

• Die Mandeln in einer Pfanne ohne weiteres Fett 4–5 Minuten rösten.

• Das gebratene Gemüse mit Risoni, Mandeln und Oliven in einer Schüssel verrühren. Mit Salz und Pfeffer abschmecken und in einzelnen Schalen servieren.

Für dieses Gericht eignet sich jede Nudelsorte, aber auch Reis und Getreide.

EDAMAMESALAT

VORBEREITUNG: 10 MIN.
GARZEIT: 5 MIN.

Für 4 Personen

- 1 Zucchini
- 4 EL Traubenkernöl
- 1 EL Kurkuma
- 1 EL Sojasauce
- 1 EL Weißweinessig
- 200 g Edamamebohnen, enthülst
  (im Asiashop)
- 2 große Handvoll gemischte
  Salatblätter
- Salz, Pfeffer aus der Mühle
- 20 g ganze Mandeln, gehackt

● Die Zucchini waschen und fein würfeln.

● 1 Esslöffel Öl in einer Pfanne erhitzen und die Zucchiniwürfel 4–5 Minuten dünsten (sie sollten noch etwas bissfest sein). Das Kurkuma zugeben und untermischen.

● Das restliche Traubenkernöl in einer Schüssel mit Sojasauce und Essig verrühren.

● Salat, Kurkuma-Zucchini und Bohnen in einer Salatschüssel verrühren. Die Vinaigrette zugießen und alles gut vermischen. Mit Salz und Pfeffer abschmecken. Mit den gehackten Mandeln bestreuen und servieren.

Für einen gehaltvolleren Salat können Sie auch Getreide zugeben, wie beispielsweise mit Kurkuma gekochtes Quinoa. Dadurch bekommt es auch eine hübsche gelbe Farbe. Edamamebohnen sind die köstlichen, noch unreifen Sojabohnen. Vor dem Enthülsen werden sie in Wasser gegart oder gedämpft.

KÜRBISRÖSTI MIT KASTANIENMEHL

VORBEREITUNG: 30 MIN.
GARZEIT: 20 MIN.

Für 4 Personen

- 1 kg Kürbis
- 2 Frühlingszwiebeln
- 4 EL Olivenöl
- Salz, Pfeffer aus der Mühle
- 1 EL Zimtpulver
- 30 g Kastanienmehl
- 30 g Weizenmehl
- 1 Glas süße Chilisauce

- Den Kürbis schälen und die Samen entfernen. Das Fruchtfleisch grob würfeln.

- Die Frühlingszwiebeln schälen, etwas Grün stehen lassen und hacken.

- 2 Esslöffel Olivenöl in einer Pfanne erhitzen und die Zwiebeln dünsten. Die Kürbiswürfel zugeben und 5 Minuten weich dünsten. Mit Wasser bedecken, Salz und Zimtpulver zugeben. 15 Minuten bei schwacher Hitze köcheln, bis der Kürbis weich ist.

- Den Kürbis abgießen und in eine Schüssel geben. Mit einer Gabel zu Püree zerdrücken. Beide Mehlsorten, Salz und Pfeffer zugeben. Alles gut vermischen und mit den Händen aus der Masse kleine Rösti formen.

- Das restliche Öl in einer Pfanne erhitzen und die Rösti von allen Seiten 5 Minuten goldbraun braten.

- Die Rösti mit der Chilisauce servieren und grünen Salat dazu reichen.

TOFUCURRY MIT KAFFIRLIMETTEN _____

VORBEREITUNG: 15 MIN.
GARZEIT: 25 MIN.

Für 4 Personen

- 500 g Tofu
- 1 Zucchini
- 1 Zwiebel
- 3 cm Ingwer
- 5 Kaffirlimettenblätter
- 1 Knoblauchzehe
- 2 EL Olivenöl
- 1 EL gelbe Currypaste
- 600 ml Kokosmilch
- 125 g Babymaiskolben
- 100 g Zuckererbsen
- Salz, Pfeffer aus der Mühle

* Den Tofu in Würfel schneiden. Die Zucchini waschen und ebenfalls würfeln. Zwiebel und Ingwer schälen und hacken. Die Limettenblätter hacken, die Knoblauchzehe schälen, entkeimen und hacken.

* Das Öl in einem Schmortopf erhitzen und die Zwiebel glasig dünsten. Tofu, Knoblauch und Ingwer zugeben und weitere 5 Minuten dünsten. Die Currypaste unterrühren und noch einmal 5 Minuten durchbraten. Die Kokosmilch zugießen und aufkochen. Die Hitze reduzieren und Limettenblätter sowie Maiskolben zugeben. 5 Minuten köcheln. Die Zucchini unterrühren und weitere 5 Minuten köcheln. Schließlich die Erbsen zugeben und noch einmal 5 Minuten köcheln. Mit Salz und Pfeffer abschmecken und mit Reis servieren.

Kosten Sie dieses Curry auch einmal mit grünem Gemüse, wie beispielsweise Broccoli oder Romanesco.

ORIENTALISCHE PIZZA MIT ZATAR _____

VORBEREITUNG: 10 MIN.
GARZEIT: 25 MIN.

Für 4 Personen

- 2 Zwiebeln
- 5 EL Olivenöl
- 1 EL Agavensirup
- 2 EL Apfelessig
- 4 Pitabrote
- 8 EL Zatar-Gewürzmischung
- 2 Ochsenherztomaten
- 1 Bund Koriander
- Salz, Pfeffer aus der Mühle

• Den Backofen auf 200 °C vorheizen.

• Die Zwiebeln schälen und in Ringe schneiden. 1 Esslöffel Olivenöl in einer Pfanne erhitzen und die Zwiebeln glasig dünsten. Agavensirup, Essig und 2 Esslöffel Wasser zugeben. Die Hitze reduzieren, den Deckel auflegen und 15–20 Minuten köcheln, dabei gelegentlich rühren.

• Die Pitabrote mit dem restlichen Olivenöl einpinseln und mit der Zatar-Gewürzmischung bestreichen. Die Pitabrote auf ein mit Backpapier belegtes Backblech legen und 5 Minuten im Ofen überbacken.

• Die Tomaten waschen, die Samen entfernen und das Fruchtfleisch in Scheiben schneiden.

• Die Pitas aus dem Ofen nehmen und mit Zwiebelmus und Tomatenscheiben belegen. Mit Korianderzweigen belegen, vorsichtig salzen und pfeffern und sofort servieren.

Zatar ist eine Gewürzmischung aus Kräutern wie Thymian, Oregano, Sumach und Sesam – je nach Gewürzhändler variiert die Zusammensetzung.

BUCHWEIZENCRÊPES MIT SPINAT _____

VORBEREITUNG: 30 MIN.
GARZEIT: 30 MIN.

Für 6 Personen

- 200 g Buchweizenmehl
- 1 Prise Fleur de Sel
- Olivenöl
- 40 g Mehl für die Béchamelsauce
- 400 ml Sojamilch
- Muskatnuss, gerieben
- Salz, Pfeffer aus der Mühle
- 400 g frischer Spinat, gewaschen und entstielt
- 20 g Pinienkerne, geröstet

● Buchweizenmehl, Fleur de Sel und 450 ml Wasser in einer Schüssel zu einem glatten Teig verrühren.

● 1 Schuss Olivenöl in einer Crêpe-Pfanne erhitzen. 1 Suppenkelle Teig in die Pfanne geben, über den gesamten Pfannenboden verteilen und braten, bis der Crêpe sich von den Pfannenrändern zu lösen beginnt. Mit einem Küchenspachtel unter den Crêpe gleiten und wenden. 2–3 Minuten braten. Auf einen Teller gleiten lassen und warm halten. Die restlichen Crêpes ebenso backen und beiseitestellen.

● Für die Béchamelsauce: 40 ml Olivenöl in einem Topf erhitzen. Den Topf vom Herd nehmen und das Mehl zugeben. Mit einem Schneebesen kräftig verrühren, damit keine Klumpen entstehen, und den Topf wieder auf den Herd stellen. Nach und nach unter Rühren die Milch zugießen und kochen, bis die Sauce eingedickt ist. Mit Muskatnuss, Salz und Pfeffer abschmecken.

● Den Spinat in einem Topf mit 1 Schuss Olivenöl dünsten, bis sämtliche Flüssigkeit verdampft ist. Abtropfen lassen.

● Die Crêpe-Pfanne wieder erhitzen und 1 Crêpe hineingeben. Mit etwas Spinat belegen, mit Béchamelsauce beträufeln und mit den Pinienkernen bestreuen. Den Crêpe zusammenklappen und 2 Minuten durchwärmen. Mit den restlichen Crêpes ebenso verfahren.

QUICHE MIT BIRNEN, ZWIEBELN & BALSAMICO

VORBEREITUNG: 20 MIN.
GARZEIT: 45 MIN.

Für 4–6 Personen

- 1 Birne
- 1 rote Zwiebel
- 2 EL Olivenöl + etwas mehr für die Form
- 1 EL Agavensirup
- 1 EL Balsamicoessig
- Salz, Pfeffer aus der Mühle
- 30 g ganze Haselnüsse
- 400 g weicher Tofu
- 50 g Kichererbsenmehl
- 10 g Maisstärke
- 3 Zweige Thymian, gezupft
- 1 Rolle vegetarisches Pâté brisée (französischer Mürbe-Fertigteig)

- Den Backofen auf 180 °C vorheizen.

- Die Birne waschen, harte und grüne Stellen entfernen. Die Frucht in dünne Scheiben schneiden. Die Zwiebel schälen und in dünne Ringe schneiden.

- Das Olivenöl in einer Pfanne erhitzen und Birnenscheiben sowie Zwiebelringe glasig dünsten. Agavensirup, Balsamicoessig, 1 Prise Salz und 2 Esslöffel Wasser unterrühren. 10 Minuten bei mittlerer Hitze köcheln.

- Für die Füllung: Die Haselnüsse hacken. Tofu, Kichererbsenmehl, Maisstärke und 1 Prise Salz in einer Schüssel zu einer glatten Masse verrühren. Thymian und Haselnüsse zugeben und alles gut vermischen.

- Den Mürbeteig in einer geölten Quicheform ausrollen. Die Hälfte der Birnen-Zwiebel-Mischung darauf verteilen. Mit der Füllung abdecken und die restliche Birnen-Zwiebel-Mischung darübergeben.

- Die Quiche 45 Minuten im Ofen backen, bis die Oberfläche goldbraun ist.

Im Sommer kann man herrliche Quiches mit Tomaten, Zucchini und Auberginen zubereiten und mit gerösteten Pinienkernen bestreuen.

GEMÜSESPIESSE MIT ERDNUSSBUTTERSAUCE

VORBEREITUNG: 15 MIN.
GARZEIT: 10 MIN.

Für 4–6 Personen

- 2 Zucchini
- 10 Champignons
- 10 Kirschtomaten
- 1 EL Olivenöl
- Salz, Pfeffer aus der Mühle
- 5 EL Erdnussbutter
- 1 EL Chilisauce
- 3 Tropfen Sesamöl

● Das Gemüse waschen. Die Zucchini längs halbieren, dann in Scheiben schneiden. Champignons und Kirschtomaten halbieren.

● Die Gemüsestücke abwechselnd auf angefeuchtete Holzspieße stecken.

● Das Olivenöl in einer Grillpfanne erhitzen und die Spieße von allen Seiten kräftig anbraten. Die Hitze reduzieren und die Spieße 10 Minuten unter Wenden garen. Salzen und pfeffern.

● Für die Sauce die Erdnussbutter mit Chilisauce und Sesamöl verrühren. Die Spieße warm mit der Sauce servieren.

Stecken Sie zusätzlich 200 g geräucherte Tofuwürfel mit dem Gemüse auf die Spieße.

GNOCCHI AUS SÜSSKARTOFFELN MIT JUNGEM SPINAT

VORBEREITUNG: 30 MIN.
GARZEIT: 30 MIN.

Für 4 Personen

- 600 g Süßkartoffeln
- 1 EL Paprikapulver
- 120 g Mehl
- Salz, Pfeffer aus der Mühle
- 2 große Handvoll junger Spinat
- 3 EL Traubenkernöl
- 1 EL heller Balsamicoessig

• Die Süßkartoffeln schälen, waschen und grob würfeln. In einem Topf mit kochendem Salzwasser 20 Minuten garen. Sie sollten sehr weich sein.

• Die Kartoffeln abgießen, in eine Schüssel geben und mit einer Gabel zu Püree zerdrücken. Paprikapulver, Mehl, Salz und Pfeffer zugeben. Erst mit einem Löffel vermischen, dann mit den Händen zu einem glatten Teig verarbeiten. Der Teig darf nicht zu klebrig sein; falls nötig, etwas Mehl zugeben.

• Den Teig in einzelnen Portionen zu etwa 2 cm breiten Würsten rollen, dann in 2 cm lange Stücke schneiden.

• Salzwasser in einem großen Topf aufkochen und die Gnocchi 2–3 Minuten garen, bis sie an die Oberfläche kommen. Nach und nach mit dem Schaumlöffel herausheben und auf Küchenpapier abtropfen lassen.

• Die jungen Spinatblätter waschen und auf einem Servierteller auslegen. Mit Traubenkernöl und Balsamicoessig beträufeln. Die Gnocchi darauf verteilen und sofort servieren.

Diese Gnocchi können auch mit mehligkochenden Kartoffeln zubereitet werden. Sie schmecken besonders gut, wenn Sie sie nach dem Garen kurz in einer Pfanne mit etwas Öl bräunen.

CHAMPIGNONRAVIOLI IN GEMÜSEBRÜHE MIT ZITRONENGRAS

VORBEREITUNG: 30 MIN.
GARZEIT: 35 MIN.

Für 4 Personen

- 150 g Champignons
- 2 Möhren
- 1 Zwiebel
- 1 Stangensellerie
- 2 Stängel Zitronengras
- 4 EL Olivenöl
- 4 Gewürznelken
- 3 Wacholderbeeren
- 1 Bouquet garni
- 1 Knoblauchzehe geschält, entkeimt und gehackt
- ½ glatte Petersilie, gewaschen und gehackt
- 24 Gyoza-Teigplatten (im Asiashop)

● Die Champignons mit feuchtem Küchenpapier putzen. Die harten Stielenden entfernen und die Pilze fein würfeln. Möhren und Zwiebeln schälen und würfeln. Den Sellerie ebenfalls in Stücke schneiden. Das Zitronengras von den äußeren Blättern befreien und in Ringe schneiden.

● 2 Esslöffel Olivenöl in einem Topf erhitzen und Zwiebel, Möhren und Sellerie 5 Minuten dünsten. Das Zitronengras zugeben und weitere 3 Minuten dünsten. 1,5 l Wasser zugießen und aufkochen. Die Hitze reduzieren, Gewürznelken, Wacholderbeeren und das Bouquet garni zugeben und 30 Minuten köcheln.

● Das restliche Olivenöl in einer Pfanne erhitzen und den Knoblauch 1 Minute dünsten. Die Champignons zugeben und 5 Minuten unter Rühren schmoren. Vom Herd nehmen und die Petersilie unterrühren.

● 1 runde Gyoza-Teigplatte auf die bemehlte Arbeitsfläche legen. 1 Teelöffel Champignonfüllung in die Mitte geben. Die Teigränder mit einem in Wasser getauchten Pinsel anfeuchten. Mit einer zweiten Teigplatte abdecken und die Ränder mit den Fingern fest andrücken. Die weiteren Ravioli ebenso herstellen.

● Die Brühe durch ein Sieb gießen und mit Salz und Pfeffer abschmecken. Erneut aufkochen und die Ravioli 2 Minuten in der Brühe garen.

● Brühe und Ravioli auf Teller verteilen und sofort servieren.

GEMÜSE AUS DEM WOK
MIT KARAMELLISIERTEM TOFU _____

VORBEREITUNG: 20 MIN.
GARZEIT: 15 MIN.
MARINIERZEIT: 2 STD.

Für 4–6 Personen

- 400 g geräucherter Tofu
- 3 EL Sojasauce
- 2 EL Agavensirup
- 4 Tropfen Sesamöl
- 4 EL Sonnenblumenöl
- 1 Broccoli, in Röschen geteilt
- 250 g Zuckererbsen
- 1 Bund grüner Spargel
- 2 Möhren
- 2 Frühlingszwiebeln
- 30 g Sesamsamen

• Den Tofu in gleichmäßige Würfel schneiden. Sojasauce, Agavensirup, Sesamöl und Sonnenblumenöl in einem Suppenteller verrühren. Die Tofuwürfel zugeben und sorgfältig in der Marinade wenden. Mit Alufolie abdecken und 2 Stunden in den Kühlschrank stellen, dabei von Zeit zu Zeit rühren.

• Broccoliröschen und Zuckererbsen getrennt voneinander 2 Minuten in kochendem Wasser blanchieren. In eiskaltem Wasser abschrecken, abgießen und abtropfen lassen.

• Die hölzernen Enden der Spargelstangen abschneiden und die Stangen längs halbieren. Die Möhren schälen und mit einem Gemüsehobel in sehr dünne Streifen schneiden. Die äußere Haut der Frühlingszwiebeln abziehen und den Stiel bis auf 3 cm zurückschneiden.

• Den Wok stark erhitzen. Die Tofuwürfel abgießen (die Marinade auffangen) und zugeben. Unter Rühren von allen Seiten anbraten, bis sie rundum karamellisiert sind. Auf einem Teller beiseitestellen.

• Den Wok auswischen. Die Zwiebeln 3 Minuten bei starker Hitze ohne Rühren dünsten. Möhren, Broccoli, Zuckererbsen und Spargel zugeben und kurz dünsten. Die Marinade zugießen und weitere 2–3 Minuten braten. Die Tofuwürfel unterrühren und mit den Sesamsamen bestreuen. Sofort servieren.

Geräucherter Tofu schmeckt sehr intensiv. Wenn es Ihnen lieber ist, können Sie ihn auch durch frischen ersetzen.

GEMÜSEMAKI MIT MANGO

VORBEREITUNG: 35 MIN.
RUHEZEIT: 30 MIN.
GARZEIT: 30 MIN.

Für 4 Personen

- 4 Tassen Sushi-Reis
- 4 EL Reisessig
- ½ Mango
- ½ Avocado
- Saft von 1 Zitrone
- 1 Gurke
- Salz
- 4 getrocknete Algenblätter (Nori) für Maki
- Wasabi
- 30 g schwarze Sesamsamen
- Sojasauce

● Den Reis mehrfach in einem Sieb waschen und 30 Minuten abtropfen lassen.

● Den Reis mit 4 Tassen Wasser in einen Topf geben, den Deckel auflegen und 5 Minuten aufkochen. Die Hitze reduzieren und weitere 25 Minuten kochen. Den Reisessig unterrühren. Vom Herd nehmen und abgedeckt ruhen lassen.

● Mango und Avocado schälen und entsteinen. Die Avocado mit Zitronensaft beträufeln, damit sie nicht schwarz wird. Die Gurke waschen und die Samen entfernen. Gemüse und Mango in sehr dünne Streifen schneiden.

● Den Reis salzen und gut durchmischen. 1 Noriblatt auf eine Bambusmatte (oder ein Geschirrtuch) legen. Die Finger anfeuchten, eine dünne Reisschicht auf dem Algenblatt verteilen und andrücken. Einige Gemüse- und Mangostreifen auf der horizontalen Mittellinie des Algenblatts auflegen. Eine Messerspitze Wasabi auf dem Gemüse verteilen. Das Blatt mithilfe der Matte fest einrollen. Andrücken, dann die Matte auseinanderrollen.

● Die Makirolle mit einem scharfen, nassen Messer in 3 cm lange Stücke schneiden. Die restlichen Maki ebenso herstellen und mit den Sesamsamen bestreuen. Mit Sojasauce und dem restlichen Wasabi servieren.

GEMÜSE GEFÜLLT MIT DINKEL _____

VORBEREITUNG: 30 MIN.
GARZEIT: 1 STD. 20 MIN.

Für 4–6 Personen

- 200 g Dinkel, vorgegart
- 3 runde Zucchini
- 3 rote Zwiebeln, geschält
- ½ Bund Basilikum, gezupft
- 1 Knoblauchzehe
- 2 EL Olivenöl
- 30 g Pinienkerne
- 200 g frischer Tofu
- Salz, Pfeffer aus der Mühle
- 75 g Sultaninen

• Den Backofen auf 180 °C vorheizen.

• Den Dinkel in einen Topf geben und mit Wasser bedecken (3-fache Menge). Aufkochen und 20 Minuten bei mittlerer Hitze kochen.

• Von Zucchini und Zwiebeln einen Deckel abschneiden und die Gemüse mit einem Kugelausstecher aushöhlen. Das Fruchtfleisch der Zucchini und die Hälfte des Zwiebelinneren hacken.

• Einige Basilikumblätter für die Garnierung aufbewahren, die restlichen hacken. Die Knoblauchzehe schälen, entkeimen und hacken.

• 1 Esslöffel Olivenöl in einem Topf erhitzen und den Knoblauch 3 Minuten unter Rühren dünsten. Gehacktes Gemüse und Pinienkerne zugeben. 15 Minuten bei mittlerer Hitze dünsten, bis das Gemüse weich zu werden beginnt.

• Den Tofu in Würfel schneiden und mit dem restlichen Olivenöl in einer Pfanne bräunen.

• Tofu und Dinkel mit dem Gemüse vermischen. Das Basilikum zugeben und mit Salz und Pfeffer abschmecken.

• Die ausgehöhlten Zucchini und Zwiebeln mit der Mischung füllen. Auf ein Backblech stellen und die ausgeschnittenen Deckel auflegen. Den Boden des Backblechs mit etwas Wasser bedecken und das Gemüse 1 Stunde im Ofen garen.

KLEINE TOFU-FLANS
MIT ROSMARIN & AGAVENSIRUP

VORBEREITUNG: 15 MIN.
RUHEZEIT: 15 MIN.
GARZEIT: 45 MIN.

Für 4–6 Personen

- 4 Zweige Rosmarin
- 100 ml pflanzliche Milch
- 400 g weicher Tofu
- 10 g Maisstärke
- 40 g Agavensirup
- 1 EL Espelettepfeffer

● Den Backofen auf 200 °C vorheizen.

● Den Rosmarin von den Stielen lösen. Die Milch in einem Topf erhitzen und vom Herd nehmen, sobald sie aufkocht. Die Rosmarinnadeln zugeben und 15 Minuten abgedeckt ziehen lassen.

● Tofu, Maisstärke und Agavensirup in einer Schüssel verrühren. Die Milch filtern, zugießen und den Espelettepfeffer unterrühren. Die Masse in Ramequinförmchen füllen und 45 Minuten im Ofen backen. Vor dem Servieren abkühlen lassen.

SCHOKOKEKSE MIT
HAFERFLOCKEN & KOKOS

VORBEREITUNG: 15 MIN.
RUHEZEIT: 15 MIN.
GARZEIT: 16 MIN.

Für 4 Personen (ca. 12 Kekse)

- 1 EL Leinsamen
- 60 ml festes Kokosfett
- 100 g Rapadura-Vollrohrzucker
- 2 TL Vanilleextrakt
- 60 g Mehl
- ¼ TL Natron
- 1 Prise Salz
- 100 g dunkle Schokolade
  (min. 70 % Kakaoanteil), gehackt
- 80 g Haferflocken
- 30 g geriebene Kokosnuss

● Den Backofen auf 190 °C vorheizen.

● Die Leinsamen im Mixer pürieren. 40 ml Wasser zugeben und erneut zu einer Paste mixen. 5 Minuten ruhen lassen.

● Das Kokosfett in einem kleinen Topf bei schwacher Hitze zerlassen.

● Die Leinsamenmasse mit Rapadura-Zucker, Kokosfett und Vanilleextrakt in einer Schüssel verrühren.

● Mehl, Natron und Salz in einer zweiten Schüssel vermischen, zugeben und unterrühren. Schokolade, Haferflocken und geriebene Kokosnuss zugeben und alles zu einem glatten Teig verrühren. 15 Minuten im Kühlschrank ruhen lassen.

● Mit den Händen aus dem Teig kleine Kugeln formen. Mit ausreichend Abstand zueinander auf ein mit Backpapier ausgelegtes Backblech geben und leicht flach drücken. 16 Minuten im Ofen backen.

● Die Kekse auf einem Rost abkühlen lassen. Je nach Geschmack schön knusprig am selben Tag genießen oder bis zum nächsten Tag in einem verschlossenen Gefäß aufbewahren.

Noch knackiger werden die Kekse, wenn Sie die Haferflocken durch Puffreis ersetzen. Kinder werden es lieben!

KOKOSREIS MIT MANGO & INGWER

VORBEREITUNG: 20 MIN.
GARZEIT: 35 MIN.

Für 4 Personen

- 3 cm frischer Ingwer
- 150 g Rundkornreis
- 800 ml Kokosmilch
- 1 Mango
- 20 g Muscovado-Rohrzucker

* Den Ingwer schälen und reiben.

* Reis und Kokosmilch in einen Topf geben und aufkochen. Den Ingwer zugeben und 30 Minuten bei schwacher Hitze köcheln.

* In der Zwischenzeit die Mango schälen und den Stein entfernen. Das Fruchtfleisch in dünne Scheiben schneiden und den Saft auffangen.

* Sobald der Reis gar ist (er sollte weich und cremig sein, aber auch noch ein wenig Biss haben), Zucker und Mangosaft zugeben und alles gut vermischen.

* Den Milchreis auf 4 Schälchen verteilen und mit einigen Mangoscheiben belegen. Lauwarm oder kalt servieren.

Variieren Sie dieses Rezept, indem Sie den Reis durch Japanperlen ersetzen.

MÖHRENKUCHEN MIT KERNEN

VORBEREITUNG: 15 MIN.
GARZEIT: 45 MIN.

Für 6–8 Personen

- 370 g Muscovado-Rohrzucker
- 200 ml Sonnenblumenöl
- 3 vollreife Bananen
- 230 g Mehl
- 1 ½ EL Backpulver
- 1 EL Natron
- 1 EL Zimtpulver
- ½ EL Salz
- 2 Möhren, gerieben
- 30 g Mandeln, geschält
- 30 g Sonnenblumenkerne
- 30 g Kürbiskerne

● Den Backofen auf 180 °C vorheizen.

● In einer Schüssel 360 g Zucker mit dem Sonnenblumenöl verrühren. Die Bananen schälen und in einer kleinen Schale mit einer Gabel zu Püree zerdrücken. Unter die Zucker-Öl-Mischung rühren.

● Das Mehl in einer zweiten Schüssel mit Backpulver, Natron, Zimtpulver und Salz vermischen. Die Bananenmasse zugeben und mit den geriebenen Möhren und den grob gehackten Mandeln unterrühren. Ein Drittel der Kerne beiseitestellen und die restlichen Kerne ebenfalls untermischen.

● Eine Kastenform mit Backpapier auslegen und den Teig hineinfüllen. Mit den restlichen Kernen und dem restlichen Zucker bestreuen. 45 Minuten im Ofen backen (Garprobe: Ein in den Kuchen gestochenes Messer muss trocken wieder herauskommen). In der Form abkühlen lassen.

Sie können die Mandeln auch durch Walnüsse oder andere Trockenfrüchte ersetzen und die Kerne je nach Geschmack variieren.

KLEINE MUFFINS AUS ROTEN FRÜCHTEN

VORBEREITUNG: 20 MIN.
GARZEIT: 25 MIN.
RUHEZEIT: 5 MIN.

Für 4 Personen

- 2 EL Leinsamen
- 300 g Himbeeren
- 6 EL festes Kokosfett
- 100 ml pflanzliche Milch
- 150 g Muscovado-Rohrzucker
- 250 g Weizenmehl
- 3 TL Backpulver
- 1 TL Salz
- 20 g Kokosraspeln

- Den Backofen auf 200 °C vorheizen.

- Die Leinsamen im Mixer pürieren. 80 ml Wasser zugießen und erneut zu einer glatten Paste mixen. 5 Minuten ruhen lassen.

- 250 g Himbeeren mit einer Gabel in einer kleinen Schüssel zerdrücken.

- Das Kokosfett in einem Topf zerlassen, dann in einer Schüssel mit den zerdrückten Himbeeren, Milch und Zucker verrühren.

- Mehl, Backpulver und Salz in einer zweiten Schüssel verrühren. Die Himbeermischung zugeben und leicht verrühren. Die restlichen ganzen Himbeeren vorsichtig unterrühren.

- Den Teig in mit Backpapier ausgelegte Muffinformen füllen und mit den Kokosraspeln bestreuen. 25 Minuten im Ofen backen.

Diese Muffins schmecken mit anderen roten Früchten wie Johannis- oder Brombeeren ebenso gut. Passen Sie die Zuckermenge an den jeweiligen Säuregehalt der Früchte an.

PANNACOTTA AUS MANDELMILCH

VORBEREITUNG: 15 MIN.
GARZEIT: 5 MIN.
RUHEZEIT: 2 STD. 15 MIN.

Für 4 Personen

- 1 Vanilleschote
- 200 ml Mandelmilch
- 200 ml pflanzliche Sahne
- 30 g Ahornsirup + 1 Schuss zum
  Servieren
- 1 Tütchen Agar-Agar
- 20 g Pistazien, gehackt

● Die Vanilleschote längs halbieren und die Samen mit einem Messer auskratzen.

● Die Mandelmilch in einem Topf mit Sahne und Ahornsirup vorsichtig erhitzen. Sobald sie aufkocht, Agar-Agar, Vanillesamen und -schote zugeben. Den Deckel auflegen und 15 Minuten ziehen lassen.

● Die Milchcreme durch ein Sieb gießen und in 4 Ramequinförmchen füllen. 2 Stunden in den Kühlschrank stellen.

● Die Pannacotta mit den gehackten Pistazien bestreuen, mit dem Ahornsirup beträufeln und servieren.

Mandelmilch hat einen sehr eigenen Geschmack. Sie können sie auch durch Soja- oder Haferflockenmilch ersetzen, die beide etwas neutraler schmecken.

ZARTE BROWNIES MIT SCHOKOLADE & ROTER BETE

VORBEREITUNG: 20 MIN.
GARZEIT: 20 MIN.
RUHEZEIT: 1 STD.

Für 6–8 Personen

- 1 Rote Bete, gekocht
- 100 ml Mandelmilch
- 200 g dunkle Schokolade
  (70 % Kakaoanteil)
- 40 g Mehl
- 60 g Pekannüsse, gehackt
- 30 g Rapadura-Vollrohrzucker
- 1 EL Vanilleextrakt
- 1 TL Natron
- 1 Schuss Weinessig
- Öl für die Form

Für die Glasur

- 3 EL festes Kokosfett
- 1 EL ungesüßtes Kakaopulver
- 1 EL Agavensirup

● Den Backofen auf 180 °C vorheizen.

● Die Rote Bete schälen und grob in Stücke schneiden. Mit der Mandelmilch zu einem Püree mixen und in eine Schüssel geben.

● Die Schokolade hacken, im Wasserbad schmelzen und mit der pürierten Roten Bete verrühren. Mehl, Pekannüsse, Zucker und Vanilleextrakt zugeben und alles gut vermischen. Natron und Essig zügig unterrühren.

● Den Teig in eine eingeölte rechteckige oder quadratische Kastenform füllen und etwa 20 Minuten im Ofen backen.

● Für die Glasur: Das Kokosfett vorsichtig in einem Topf zerlassen. Vom Herd nehmen, Kakaopulver und Agavensirup einrühren. Mit dem Schneebesen zu einer glatten Masse verrühren.

● Den Kuchen abkühlen lassen, dann auf eine Servierplatte stürzen. Mit der Glasur bestreichen und 1 Stunde in den Kühlschrank stellen.

Die Rote Bete schmeckt man eigentlich kaum. Sie gibt dem Brownie nur Textur und Festigkeit. Je nach Geschmack oder je nachdem, was Sie gerade zur Hand haben, können Sie natürlich auch andere Nüsse verwenden, wie beispielsweise Walnüsse, Haselnüsse oder Mandeln.

MENGENANGABEN

	Metrisches System	Amerikanisches System	Andere Schreibweise
Flüssigkeiten	5 ml	1 Teelöffel	
	15 ml	1 Esslöffel	
	35 ml	1/8 Tasse	1 oz (oder once)
	65 ml	1/4 Tasse oder 1/4 Glas	2 oz
	125 ml	1/2 Tasse oder 1/2 Glas	4 oz
	250 ml	1 Tasse oder 1 Glas	8 oz
	500 ml	2 Tassen	
	1 l	4 Tassen	

	Metrisches System	Amerikanisches System	Andere Schreibweise
Gewichtseinheiten	30 g	1 oz	
	55 g	1/8 lbs	2 oz
	115 g	1/4 lbs	4 oz
	170 g	3/8 lbs	6 oz
	225 g	1/2 lbs	8 oz
	454 g	1 livre	16 oz

	Wärme	°C	Thermostat	°F
Temperatur	Gering	70 °C	2–3	150 °F
	Warm	100 °C	3–4	200 °F
		120 °C	4	250 °F
	Mittel	150 °C	5	300 °F
		180 °C	6	350 °F
	Heiß	200 °C	6–7	400 °F
		230 °C	7–8	450 °F
	Sehr heiß	260 °C	8–9	500 °F

© der deutschen Ausgabe:
Tandem Verlag GmbH

Alle Rechte vorbehalten

© der französischen Ausgabe:
Vegan
Mango, Paris

Alle Rechte vorbehalten

Übersetzung aus dem Französischen: Annette Mader
Lektorat/Redaktion: Christoph Eiden
Satz und Produktion: ce redaktionsbüro
Umschlaggestaltung: Roman Bold and Black, Köln

Gesamtherstellung: Tandem Verlag GmbH, Potsdam

ISBN: 978-3-8427-1145-7